ESSAI D'EXPLICATION
DU
CIMETIÈRE MARIN

DU MÊME AUTEUR (1)

La grande Clarté du moyen age, Paris, Gallimard, 1950, nouv. éd. (182 p.). Traduite en espagnol sous le titre de la *Gran Claridad de la edad media*, Buenos Aires, Argos, 1948, 1 vol. in-12.

Essai d'explication du « Cimetière marin », précédé d'un avant-propos de Paul Valéry au sujet du *Cimetière marin* (Paris, Gallimard, 1933).

Essai d'explication du « Cimetière marin », suivi d'une glose analogue sur *la Jeune Parque* (2e éd. : Paris, Gallimard et de Visscher, 1946) (3e éd. : Paris, Gallimard, 1957), 1 vol. in-12.

Ronsard, sa vie et son œuvre, 1956, in-8° (Grand Prix de l'Unanimité du Comité national des Écrivains, avril 1956) (Gallimard).

Ronsard, *Œuvres complètes*, Bibliothèque de la Pléiade, 1938; 2e éd., 1950; 3e éd., 1958, 2 vol. in-12.

Études d'histoire du théâtre en France au Moyen Age et a la Renaissance, Paris, 1956, 1 vol. in-8°, p. 11.

Le Roman de la rose, à paraître dans *Poètes et Romanciers du Moyen Age*. T. II : *Romans et Contes*, 1957.

(1) Cf. *Mélanges d'histoire du théâtre du Moyen Age et de la Renaissance*, offerts à Gustave Cohen, Paris, Nizet, 1950 (in-8°).

Bibliographie (pp. 15 à 27), 2e éd., Paris, Champion, 1950.

LE "CIMETIÈRE MARIN" DE SÈTE (HÉRAULT)

GUSTAVE COHEN
Professeur à la Sorbonne

essai d'explication

du

CIMETIÈRE MARIN

précédé d'un avant-propos de

PAUL VALÉRY

au sujet du

CIMETIÈRE MARIN

GALLIMARD
6e *édition*

AU SUJET
DU " CIMETIÈRE MARIN "

Je ne sais s'il est encore de mode d'éla-
borer longuement les poèmes, de les tenir
entre l'être et le non-être, suspendus devant
le désir pendant des années; de cultiver le
doute, le scrupule et les repentirs, — telle-
ment qu'une œuvre toujours ressaisie et
refondue prenne peu à peu l'importance
secrète d'une entreprise de réforme de soi-
même.

Cette manière de peu produire n'était
pas rare, il y a quarante ans, chez les poètes
et chez quelques prosateurs. Le temps ne
comptait pas pour eux; ce qui est assez

divin. Ni l'Idole du Beau, ni la supersti-
tion de l'Éternité littéraire n'étaient encore
ruinées; et la croyance en la Postérité
n'était pas tout abolie. Il existait une sorte
d'Éthique de la forme qui conduisait au
travail infini. Ceux qui s'y consacraient
savaient bien que plus le labeur est grand,
moindre est le nombre des personnes qui le
conçoivent et l'apprécient; ils peinaient
pour fort peu, — et comme saintement...

On s'éloigne par là des conditions « natu-
relles » ou ingénues de la Littérature, et
l'on vient insensiblement à confondre la
composition d'un ouvrage de l'esprit, qui
est chose finie, *avec la vie de l'esprit même,*
— lequel est une puissance de transforma-
tion toujours en acte. On en arrive au travail
pour le travail. Aux yeux de ces ama-
teurs d'inquiétude et de perfection, un ou-
vrage n'est jamais achevé, *— mot qui pour*
eux n'a aucun sens, — mais abandonné;
et cet abandon, qui le livre aux flammes ou

au public (et qu'il soit l'effet de la lassi-
tude ou de l'obligation de livrer), leur est
*une sorte d'*accident, *comparable à la rup-*
ture d'une réflexion, que la fatigue, le
fâcheux, ou quelque sensation viennent
rendre nulle.

J'avais contracté ce mal, ce goût pervers
de la reprise indéfinie, et cette complaisance
pour l'état réversible des œuvres, à l'âge
critique où se forme et se fixe l'homme intel-
lectuel. Je les ai retrouvés dans toute leur
force, quand, vers la cinquantaine, les
circonstances ont fait que je me remisse
à composer. J'ai donc beaucoup vécu avec
mes poèmes. Pendant près de dix ans, ils
ont été pour moi une occupation de durée
indéterminée, — un exercice plutôt qu'une
action, une recherche plutôt qu'une déli-
vrance, une manœuvre de moi-même par

moi-même plutôt qu'une préparation visant
le public. Il me semble qu'ils m'ont appris
plus d'une chose.

Je ne conseille pas cependant que l'on
adopte ce système : je n'ai point qualité
pour donner à qui que ce soit le moindre
conseil, et je doute, d'ailleurs, qu'il con-
vienne aux jeunes hommes d'une époque
pressante, confuse, et sans perspective. Nous
sommes dans un banc de brume...

Si j'ai parlé de cette longue intimité de
quelque œuvre et d'un « moi », ce n'était
que pour donner une idée de la sensation
très étrange que j'éprouvai, un matin, en
Sorbonne, en écoutant M. Gustave Cohen
développer ex cathedra une explication du
Cimetière marin.

Ce que j'ai publié n'a jamais manqué
de commentaires, et je ne puis me plaindre

*du moindre silence sur mes quelques écrits.
Je suis accoutumé à être élucidé, disséqué,
appauvri, enrichi, exalté et abîmé, — jusqu'à ne plus savoir moi-même quel je suis,
ou de qui l'on parle; — mais ce n'est rien
de lire ce qui s'imprime sur votre compte
auprès de cette sensation singulière de
s'entendre commenter à l'Université, devant
le tableau noir, tout comme un auteur mort.*

*Les vivants, de mon temps, n'existaient
pas pour la chaire; mais je ne trouve pas
absolument mauvais qu'il n'en soit plus
ainsi.*

*L'enseignement des Lettres en retire ce
que l'enseignement de l'Histoire pourrait
retirer de l'analyse du présent, — c'est-à-
dire le soupçon ou le sentiment des forces
qui engendrent les actes et les formes. Le
passé n'est que le lieu des formes sans forces;
c'est à nous de le fournir de vie et de nécessité, et de lui proposer nos passions et nos
valeurs.*

Je me sentais mon Ombre... *Je me sentais
une ombre capturée; et toutefois, je m'iden-
tifiais par moments à quelqu'un de ces
étudiants qui suivaient, notaient; et qui,
de temps à autre, regardaient en souriant
cette ombre dont leur maître, strophe par
strophe, lisait et commentait le poème...*

J'avoue qu'en tant qu'étudiant, *je me
trouvais peu de révérence pour le poète, —
isolé, exposé, et gêné sur son banc. Ma présence était étrangement divisée entre plusieurs manières d'être là.*

*Parmi cette diversité de sensations et de
réflexions qui me composaient cette heure
de Sorbonne, la dominante était bien la
sensation du contraste entre le souvenir de
mon travail, qui se ravivait, et la figure*

finie, *l'ouvrage déterminé et arrêté auquel l'exégèse et l'analyse de M. Gustave Cohen s'appliquaient. C'était là ressentir comme notre* être *s'oppose à notre* paraître. *D'une part, mon poème étudié comme un fait accompli, révélant à l'examen de l'expert sa composition, ses intentions, ses moyens d'action, sa situation dans le système de l'histoire littéraire; ses attaches, et l'état probable de l'esprit de son auteur... D'autre part, la mémoire de mes essais, de mes tâtonnements, des déchiffrements intérieurs, de ces illuminations verbales très impérieuses qui imposent tout à coup une certaine combinaison de mots, — comme si tel groupe possédât je ne sais quelle force intrinsèque... j'allais dire : je ne sais quelle* volonté *d'existence, tout opposée à la « liberté » ou au chaos de l'esprit, et qui peut quelquefois contraindre l'esprit à dévier de son dessein, et le poème à devenir tout autre qu'il n'allait être, et qu'on ne songeait qu'il dût être.*

*(On voit par là que la notion d'Auteur
n'est pas simple : elle ne l'est qu'au regard
des tiers.)*

***

*En écoutant M. Cohen lire les strophes
de mon texte, et donner à chacune son sens
fini et sa valeur de situation dans le déve-
loppement, j'étais partagé entre le conten-
tement de voir que les intentions et les expres-
sions d'un poème réputé fort obscur étaient
ici parfaitement entendues et exposées, —
et le sentiment bizarre, presque pénible,
auquel je viens de faire allusion. Je vais
tenter de l'expliquer en quelques mots afin
de compléter le commentaire d'un certain
poème considéré comme un* fait, *par un
aperçu des circonstances qui ont accompa-
gné la génération de ce poème, ou de ce qu'il
fut, quand il était à l'état de désir et de
demande à moi-même.*

Je n'interviens, d'ailleurs, que pour introduire, à la faveur (ou par le détour) d'un cas particulier, quelques remarques sur les rapports d'un poète avec son poème.

**

Il faut dire, d'abord, que le Cimetière marin, tel qu'il est, *est* pour moi, *le résultat de la* section *d'un travail intérieur par un événement fortuit. Une après-midi de l'an* 1920, *notre ami très regretté, Jacques Rivière, étant venu me faire visite, m'avait trouvé devant un « état » de* ce Cimetière marin, *songeant à reprendre, à supprimer, à substituer, à intervenir çà et là...*

Il n'eut de cesse qu'il n'obtînt de le lire; et l'ayant lu, qu'il ne le ravît. Rien n'est plus décisif que l'esprit d'un directeur de revue.

C'est ainsi que par accident *fut fixée*

*la figure de cet ouvrage. Il n'y a point de
mon fait. Du reste, je ne puis en général
revenir sur quoi que ce soit que j'aie écrit
que je ne pense que j'en ferais tout autre
chose si quelque intervention étrangère ou
quelque circonstance quelconque n'avait
rompu l'enchantement de ne pas en finir.
Je n'aime que le travail du travail : les
commencements m'ennuient, et je soup-
çonne perfectible tout ce qui vient du premier coup. Le spontané, même excellent,
même séduisant, ne me semble jamais assez
mien. Je ne dis pas que « j'aie raison » :
je dis que je suis ainsi... Pas plus que la
notion d'Auteur, celle du Moi n'est simple :
un degré de conscience de plus oppose un
nouveau Même à un nouvel Autre.*

**
* **

La Littérature ne m'intéresse donc pro-
fondément *que dans la mesure où elle*

exerce l'esprit à certaines transformations,
— celles dans lesquelles les propriétés
excitantes du langage jouent un rôle capital. Je puis, certes, me prendre à un livre,
le lire et relire avec délices; mais il ne me
possède jusqu'au fond que si j'y trouve les
marques d'une pensée de puissance équi-
valente à celle du langage même. *La force
de plier le verbe commun à des fins impré-
vues sans rompre les « formes consacrées »,
la capture et la réduction des choses difficiles
à dire; et surtout, la conduite simultanée
de la syntaxe, de l'harmonie et des idées
(qui est le problème de la plus pure poésie),
sont à mes yeux les objets suprêmes de
notre art.*

Cette manière de sentir est choquante,
peut-être. Elle fait de la « création » un
moyen. Elle conduit à des excès. Davantage,
— elle tend à corrompre le plaisir ingénu

2

de croire, *qui engendre le plaisir ingénu*
de produire, et qui supporte toute lecture.

Si l'auteur se connaît un peu trop, si le
lecteur se fait actif, que devient le plaisir,
que devient la Littérature?

Cette échappée sur les difficultés qui peu-
vent naître entre la « conscience de soi » et
la coutume d'écrire, expliquera sans doute
certains parti pris *qui m'ont été quelquefois*
reprochés. J'ai été blâmé, par exemple,
d'avoir donné plusieurs textes du même
poème, et même contradictoires. Ce reproche
m'est peu intelligible, comme on peut s'y
attendre, après ce que je viens d'exposer.
Au contraire, je serais tenté (si je suivais
mon sentiment) d'engager les poètes à pro-
duire, à la mode des musiciens, une diver-
sité de variantes ou de solutions du même
sujet. Rien ne me semblerait plus conforme

à l'idée que j'aime à me faire d'un poète et
de la poésie.

* *

Le poète, à mes yeux, se connaît à ses
idoles et à ses libertés, qui ne sont pas celles
de la plupart. La poésie se distingue de la
prose pour n'avoir ni toutes les mêmes gênes,
ni toutes les mêmes licences que celle-ci.
L'essence de la prose est de périr, — c'est-à-
dire d'être « comprise », — c'est-à-dire,
d'être dissoute, détruite sans retour, entiè-
rement remplacée par l'image ou par l'im-
pulsion qu'elle signifie selon la convention
du langage. Car la prose sous-entend toujours l'univers de l'expérience et des actes,
— univers dans lequel, — ou grâce auquel,
— nos perceptions et nos actions ou émotions doivent finalement se correspondre
ou se répondre d'une seule manière, —
uniformément. L'univers pratique se réduit

à un ensemble de buts. *Tel but atteint, la
parole expire.* Cet univers exclut l'ambiguïté,
l'élimine; il commande que l'on procède
par les plus courts chemins, et il étouffe
au plus tôt les harmoniques de chaque événement qui s'y produit à l'esprit.

Mais la poésie exige ou suggère un
« Univers » bien différent : univers de rela-
tions réciproques, analogue à l'univers des
sons, dans lequel naît et se meut la pensée
musicale. Dans cet univers poétique, la
résonance l'emporte sur la causalité, et la
« forme », loin de s'évanouir dans son effet,
est comme redemandée par lui. L'Idée
revendique sa voix.

(Il en résulte une différence extrême
entre les moments constructeurs de prose et
les moments créateurs de poésie.)

Ainsi, dans l'art de la Danse, l'état du

danseur (ou celui de l'amateur de ballets),
étant l'objet de cet art, les mouvements et
les déplacements des corps n'ont point
de terme dans l'espace, — point de but
visible; point de chose, qui jointe les annule;
et il ne vient à l'esprit de personne d'impo-
ser à des actions chorégraphiques la loi des
actes non-poétiques, mais utiles, qui est
de s'effectuer avec la plus grande économie
de forces, et selon les plus courts chemins.

Cette comparaison peut faire sentir que
la simplicité ni la clarté ne sont des absolus
dans la poésie, — où il est parfaitement
raisonnable, — et même nécessaire — de
se maintenir dans une condition aussi éloi-
gnée que possible de celle de la prose, —
quitte à perdre (sans trop de regrets) autant
de lecteurs qu'il le faut.

***

*Voltaire a dit merveilleusement bien que
« la Poésie n'est faite que de beaux détails ».
Je ne dis autre chose. L'univers poétique
dont je parlais s'introduit par le nombre,
ou plutôt, par la densité des images, des
figures, des consonances, dissonances,
par l'enchaînement des tours et des rythmes, — l'essentiel étant d'éviter constam-
ment ce qui reconduirait à la prose, soit
en la faisant regretter, soit en suivant exclu-
sivement l'idée...*

*En somme, plus un poème est conforme
à la Poésie, moins il peut se penser en prose
sans périr. Résumer, mettre en prose un
poème, c'est tout simplement méconnaître
l'essence d'un art. La nécessité poétique
est inséparable de la forme sensible, et les
pensées énoncées ou suggérées par un texte
de poème ne sont pas du tout l'objet unique*

et capital du discours, — mais des moyens
qui concourent également avec les sons,
les cadences, le nombre et les ornements, à
provoquer, à soutenir une certaine tension
ou exaltation, à engendrer en nous un
monde — ou un mode d'existence — tout
harmonique.

*
* *

Si donc l'on m'interroge; si l'on s'in-
quiète (comme il arrive, et parfois assez
vivement) de ce que j'ai « voulu dire » dans
tel poème, je réponds que je n'ai pas voulu
dire, mais voulu faire, et que ce fut l'intention de faire qui a voulu ce que j'ai dit...

Quant au Cimetière marin, cette intention ne fut d'abord qu'une figure rythmique
vide, ou remplie de syllabes vaines, qui
me vint obséder quelques temps. J'obser-
vai que cette figure était décasyllabique, et
je me fis quelques réflexions sur ce type

fort peu employé dans la poésie moderne; il me semblait pauvre et monotone. Il était peu de chose auprès de l'alexandrin, que trois ou quatre générations de grands artistes ont prodigieusement élaboré. Le démon de la généralisation suggérait de tenter de porter ce Dix à la puissance du Douze. Il me proposa une certaine strophe de six vers et l'idée d'une composition fondée sur le nombre de ces strophes, et assurée par une diversité de tons et de fonctions à leur assigner. Entre les strophes, des contrastes ou des correspondances devaient être institués. Cette dernière condition exigea bientôt que le poème possible fût un monologue de « moi », dans lequel les thèmes les plus simples et les plus constants de ma vie affective et intellectuelle, tels qu'ils s'étaient imposés à mon adolescence et associés à la mer et à la lumière d'un certain lieu des bords de la Méditerranée, fussent appelés, tramés, opposés...

Tout ceci menait à la mort et touchait à la pensée pure. (Le vers choisi de dix syllabes a quelque rapport avec le vers dantesque.)

Il fallait que mon vers fût dense et fortement rythmé. Je savais que je m'orientais vers un monologue aussi personnel, mais aussi universel que je pourrais le construire. Le type de vers choisi, la forme adoptée pour les strophes me donnaient des conditions qui favorisaient certains « mouvements », permettaient certains changements de ton, appelaient certain style... Le Cimetière marin *était* conçu. *Un assez long travail s'ensuivit.*

**

Toutes les fois que je songe à l'art d'écrire (en vers ou en prose), le même « idéal » se déclare à mon esprit. Le mythe de la « création » nous séduit à vouloir faire

quelque chose de rien. Je rêve donc que je
trouve progressivement mon ouvrage à par-
tir de pures conditions de forme, de plus
en plus réfléchies, — précisées jusqu'au
point qu'elles proposent ou imposent presque... un sujet, — ou du moins, une famille
de sujets.

Observons que des conditions de forme
précises ne sont autre chose que l'expression
de l'intelligence et de la conscience que nous
avons des moyens dont nous pouvons dis-
poser, et de leur portée, comme de leurs
limites et de leurs défauts. C'est pourquoi
il m'arrive de me définir l'écrivain par
une relation entre un certain « esprit » et
le Langage...

Mais je sais tout le chimérique de mon
« Idéal ». La nature du langage se prête
le moins du monde à des combinaisons
suivies; et d'ailleurs la formation et les habi-
tudes du lecteur moderne, auquel sa nour-
riture accoutumée d'incohérence et d'effets

instantanés rend imperceptible toute recherche de structure, ne conseillent guère de se
perdre si loin de lui...

Cependant la seule pensée de construc-
tions de cette espèce demeure pour moi la
plus poétique des idées : l'idée de composition.

*\
*

Je m'arrête sur ce mot... Il me conduirait
je ne sais à quelles longueurs. Rien ne m'a
plus étonné chez les poètes et donné plus de
regrets que le peu de recherche dans les
compositions. Dans les lyriques les plus
illustres, je ne trouve guère que des déve-
loppements purement linéaires, — ou...
délirants, — c'est-à-dire qui procèdent de
proche en proche, sans plus d'organisation
successive que n'en montre une traînée de
poudre sur quoi la flamme fuit. (Je ne
parle pas des poèmes dans lesquels un récit

*domine, et la chronologie des événements
intervient : ce sont des ouvrages mixtes;
opéras, et non sonates ou symphonies).*

*Mais mon étonnement ne dure que le
temps de me souvenir de mes propres expé-
riences et des difficultés presque découra-
geantes que j'ai rencontrées dans mes essais
de composer dans l'ordre lyrique. C'est
qu'ici le détail est à chaque instant d'importance essentielle, et que la prévision la
plus belle et la plus savante doit composer
avec l'incertitude des trouvailles. Dans
l'univers lyrique, chaque moment doit con-
sommer une alliance indéfinissable du
sensible et du significatif. Il en résulte que
la composition est, en quelque manière,
continue, et ne peut guère se cantonner dans
un autre temps que celui de l'exécution. Il
n'y a pas un temps pour le « fond » et un
temps de la « forme »; et la composition
en ce genre ne s'oppose pas seulement au
désordre ou à la disproportion, mais à la*

décomposition. *Si le sens et le son (ou si le fond et la forme) se peuvent aisément dissocier, le poème se* décompose.

Conséquence capitale : les « idées » qui figurent dans une œuvre poétique n'y jouent pas le même rôle, ne sont pas du tout des valeurs de même espèce, *que les « idées » de la prose.*

J'ai dit que le Cimetière marin *s'était d'abord proposé à mon esprit sous les espèces d'une composition par strophes de six vers de dix syllabes. Ce parti pris m'a permis de distribuer assez facilement dans mon œuvre ce qu'elle devait contenir de sensible, d'affectif et d'abstrait pour suggérer, transportée dans l'univers poétique, la méditation d'un certain* moi.

L'exigence des contrastes à produire et d'une sorte d'équilibre à observer entre les

moments de ce moi m'a conduit (par exemple) à introduire en un point quelque rappel
de philosophie. Les vers où paraissent les
arguments fameux de Zénon d'Élée —
(mais animés, brouillés, entraînés dans
l'emportement de toute dialectique, comme
tout un gréement par un coup brusque de
bourrasque) — ont pour rôle de compenser,
par une tonalité métaphysique, le sensuel
et le « trop humain » de strophes antécé-
dentes; ils déterminent aussi plus précisé-
ment la personne qui parle, — un amateur
d'abstractions — ; ils opposent enfin à ce
qui fut de spéculatif et de trop attentif en
lui, la puissance réflexe actuelle, dont le
sursaut brise et dissipe un état de fixité
sombre, et comme complémentaire de la
splendeur régnante; — en même temps
qu'elle bouleverse un ensemble de jugements
sur toutes choses humaines, inhumaines et
surhumaines. J'ai débauché les quelques
images de Zénon à exprimer la rébellion

contre la durée et l'acuité d'une méditation
qui fait sentir trop cruellement l'écart entre
l'être et le connaître que développe la conscience de la conscience. L'âme naïvement
veut épuiser l'infini de l'Éléate.

— Mais je n'ai entendu prendre à la
philosophie qu'un peu de sa couleur.

Les remarques diverses qui précèdent
peuvent donner une idée des réflexions d'un
auteur en présence d'un commentaire de
son œuvre. Il voit en elle ce qu'elle dut être
et ce qu'elle aurait pu être, bien plus que ce
qu'elle est. Quoi donc de plus intéressant
pour lui que le résultat d'un examen scrupu-
puleux et les impressions d'un regard
étranger? Ce n'est pas en moi que l'unité
réelle de mon ouvrage se compose. J'ai
écrit une « partition », — mais je ne puis

*l'entendre qu'exécutée par l'âme et par
l'esprit d'autrui.*

*C'est pourquoi le travail de M. Cohen
(abstraction faite des choses trop aimables
pour moi qui s'y trouvent), m'est singu-
lièrement précieux. Il a recherché mes
intentions avec un soin et une méthode remar-
quables, appliqué à un texte contemporain la
même science et la même précision qu'il a
coutume de montrer dans ses savantes études
d'histoire littéraire. Il a aussi bien retracé
l'architecture de ce poème que relevé le
détail, — signalé, par exemple, ces retours
de termes qui révèlent les tendances, les
fréquences caractéristiques d'un esprit. (Certains mots sonnent en nous entre tous les
autres, comme des harmoniques de notre
nature la plus profonde...) Enfin, je lui
suis très reconnaissant de m'avoir si luci-
dement expliqué aux jeunes gens ses élèves.*

Quant à l'interprétation de la lettre,
je me suis déjà expliqué ailleurs sur ce

point; mais on n'y insistera jamais assez :
il n'y a pas de vrai sens d'un texte. *Pas
d'autorité de l'auteur. Quoi qu'il ait* voulu
dire, *il a écrit ce qu'il a écrit. Une fois
publié, un texte est comme un appareil
dont chacun se peut servir à sa guise et selon
ses moyens : il n'est pas sûr que le cons-
tructeur en use mieux qu'un autre. Du
reste, s'il sait bien ce qu'il voulut faire,
cette connaissance trouble toujours en lui
la perception de ce qu'il a fait.*

PAUL VALÉRY.

" LE CIMETIÈRE MARIN "

> Notre nature est dans le mouve-
> ment; le repos entier est la mort.
>
> PASCAL, Pensées, nº 129,
éd. Brunschvicg.

> *Ni lu ni compris?*
> *Aux meilleurs esprits*
> *Que d'erreurs promises!*
>
> P. VALÉRY, le Sylphe.

Le temps n'est plus où une Université revêche boudait aux gloires du présent et s'engonçait dans l'admiration du passé, n'osant aborder les Romantiques que lorsque les Parnassiens menaient la danse du scalp sur leurs tombes, et les Parnassiens que lorsque les Symbolistes allaient déjà triomphant. Non qu'elle ait renoncé à son rôle de conservatrice du Panthéon de nos gloires littéraires, mais elle entend n'en point écarter les vivants, quand ils ont reçu la consécration raisonnée de l'intelligence. Se renouvelant sans

cesse, elle veut faire souffler sur la Montagne Sainte-Geneviève les quatre vents
de l'Esprit. Il y a plusieurs années que
M. Chartier, plus connu du public sous le
pseudonyme d'Alain, commente à ses
élèves du lycée Henri-IV, les poèmes de
Paul Valéry[1]. A mon tour je me suis plu
à faire retentir en Sorbonne ce nom et ces
vers aimés et j'ai voulu terminer, le 24
février 1928, un cours de méthodologie de
l'explication française par un commentaire[2] du *Cimetière marin*, pièce qui,
après avoir paru dans *la Nouvelle Revue
Française* le 1er juin 1920, puis séparé-
ment chez Émile Paul en 1920, figure
maintenant, comme chacun sait, dans le

1. Son commentaire a paru dans l'édition de
Charmes, poèmes de Paul Valéry, *commentés par*
ALAIN, Paris, Gallimard, 1929, un vol. in-4º.
2. Il a été publié d'abord dans *la Nouvelle Revue
Française* du 1er février 1929 et a donné lieu à une
foule d'articles qu'il serait trop long d'énumérer.
Sur les tentatives d'explication souvent contradictoires qu'a déclenchées la mienne, voir la note de
la page 8 et mon appendice bibliographique.

recueil intitulé *Charmes* (Gallimard, 1922) [1].

C'est ce commentaire, auquel la présence de l'auteur, l'attention passionnée des étudiants et des étudiantes et ma propre ferveur donnaient un caractère singulier, qui ne saurait se retrouver ici, que je voudrais fixer, non à l'intention des Valéristes, auxquels je n'ai rien à apprendre, mais à l'adresse de ceux que l'obscurité accidentelle ou voulue de cet auteur a découragés et qui se refusent à eux-mêmes l'initiation de beauté en profondeur qu'il leur offre. Je leur demande de me suivre bénévolement, d'accepter provisoirement les hypothèses que j'aurai à proposer, puis de décider alors seulement, en pleine con-

1. Il en existe une édition rare ornée d'eauxfortes de l'auteur (Ronald Davis, 1926), qui sont très curieuses de facture. Hugo aussi était dessinateur et graveur. Je tiens à remercier ici le docteur Gorodiche et M. Julien Monod de m'avoir fait profiter de leur riche bibliothèque et de leur expérience des choses valériennes.

naissance de cause, si l'effort qu'ils auront
fait est suffisamment compensé par une
jouissance et un enrichissement spirituels.

Mais avant d'aborder cette étude (car
c'en est une), je voudrais dissiper le préjugé, qui est surtout un préjugé français,
de l'auteur facile. Il n'y a pas d'auteurs
faciles (j'entends parmi les très grands),
il n'y a que des lecteurs faciles, qui se con-
tentent d'une impression superficielle et
renoncent à pénétrer les arcanes du génie.
Platon serait-il aisé à entendre, et Lucrèce,
et Dante, à l'exégèse desquels on a consa-
cré des bibliothèques entières, et Mon-
taigne, et Shakespeare, et Pascal, et Voltaire
et Gœthe (qu'on songe au *Second Faust*),
et Hugo (qu'on songe au *Satyre* de *la
Légende des siècles*)? Je prends à dessein mes exemples chez tous les peuples
et à toutes les époques. Plus un écrivain
est profond, plus l'objet de sa méditation est abstrait et métaphysique, plus

il est d'accès pénible, plus il faut d'effort
pour se guinder jusqu'à lui et monter aux
Propylées du temple qu'il a bâti solitaire,
sur sa montagne, sans même que nous son-
gions à accéder à la *cella*. La démonstration
que nous avons à fournir est donc seulement celle-ci, non pas de la légitimité d'un
effort, mais de son efficacité, non pas de la
nécessité d'une initiation, mais de la valeur
de cette plénitude dont elle nous comblera.

Dans le cas particulier qui nous occupe,
à quoi tient l'obscurité, très réelle, dont
nous aurons à essayer de dissiper les voiles ?
D'une part à la tradition de l'hermétisme
mallarméen, dont Paul Valéry fut, à raison de son amitié pour le maître et d'affi-
nités électives, le continuateur le plus
authentique, préférant à la vision et à
l'expression directe, l'image et, plus encore
une série d'images successives ou sugges-
tives, fournie par association d'idées, et
dont on ne nous indique souvent que

l'aboutissement. D'autre part son obscurité est aussi un phénomène de condensation (le mot ne saurait déplaire à un
homme qui a vu sa préincarnation ou
préfiguration dans Léonard de Vinci et
qui est à la fois, poète, philosophe, juriste,
mathématicien, physicien, et graveur).

,, Il me semble '', me disait-il un jour,
,, lorsque je considère mes poèmes, qu'il
s'agit d'un poids qu'un enfant aurait,
chaque jour, par parcelles, hissé au sommet d'un toit, et qui, au bout de plusieurs
années, retomberait brusquement sur le
passant de toute sa masse. ''

Chacun des poèmes de la seconde période de création poétique de sa vie,
la Jeune Parque, 1917 [1], *Charmes*, 1922 [2],
apparaît chargé — comme on dirait d'un

1. Rééditée en 1927, Paris, Gallimard, in-12,
(édition de *la Nouvelle Revue Française*).
2. Ce recueil, ainsi que les poèmes précédents, se
trouvent dans *Poésies*, *ibid.*, 1930, in-12, qui les met
à la portée de tous.

accumulateur — gonflé — comme on
dirait des bourgeons — de vingt années
de méditation solitaire, sur des problèmes
philosophiques, ceux des transformations
de l'âme et des modes de son activité
créatrice à l'état de veille ou de rêve, problèmes étrangement éloignés en apparence de la réflexion habituelle aux poètes
et dont cependant celui-ci voulut un jour
inscrire, sinon les résultats, du moins le
frisson, dans les rythmes de ses poèmes.

Entre 1892 en effet et 1913, par un phénomène à peu près unique dans l'histoire
littéraire, Paul Valéry se tut, sauf pour
exprimer une partie de ses angoisses inté-
rieures, dans les confessions en prose de
Monsieur Teste (1896)[1]. C'est donc surtout
à ces vingt ans d'introspection, traduits
dans des pièces relativement courtes,
qu'est due la densité de *la Jeune Parque,*

1. Republié chez Gallimard, en 1929, un vol.
in-12.

commencée en 1913, achevée et publiée
en 1917, et qui est le drame de la naissance
et des métamorphoses de la conscience
humaine, ainsi que la valeur d'une pièce
plus brève, *le Cimetière marin*, commencée
à la même époque, sous la même poussée
d'inspiration, mais où l'auteur avoue
avoir mis le plus de confidence person-
nelle sur sa vie.

Le poème est né d'un rythme qui
d'abord chanta dans sa mémoire [1], un

1. Ceci résulte de ses déclarations à Fréd. Lefèvre, *Entretiens avec Paul Valéry*, 1926, in-12, pp. 62-
63, où l'on trouvera *in fine* une explication du *Cimetière marin* et *Revues des Cours*, 1925-6, t. I, pp. 78-90.
Avant nous tous l'a encore tentée A. Thibaudet,
dans son *Paul Valéry*, Paris, Grasset, 1923, pp. 149-
156. Voir aussi P. Souday : *Paul Valéry*, S. Kra,
1927, pp. 27-29, et René Fernandat, *Paul Valéry*,
Paris, 1927, mais je ne partage pas les sentiments de
ce dernier sur *le Cimetière marin*, pp. 81-94. Non
plus que ceux de J. Cosimi, « *Conflit moderne de la
Poésie et de l'Intelligence, Deux strophes de Paul
Valéry* », dans la *Revue de l'Université de Lyon*,
décembre 1928, juin 1929. Dans *les Humanités
(Classes de Lettres)*, Paris, Hatier, d'octobre, novembre et décembre 1929, E. Guillet a donné *le
Cimetière marin de Paul Valéry (Essai de commen-

rythme devenu bien rare depuis les chan-
sons de geste du Moyen Age, depuis Marot
et depuis Ronsard, qui l'employa dans
les sonnets des *Amours* et dans sa *Fran-
ciade*, le décasyllabe, tel que ces derniers
le pratiquèrent, avec césure et temps fort
à la quatrième syllabe. Tout entier il fut
conçu, d'après ce qu'il nous a lui-même
appris, comme une sorte de symphonie
dont les phrases mélodiques résonnaient
en lui, sans encore recouvrir de mots,
pareilles à un cadre sonore entourant des
images flottantes. La plus précise de celles-ci
était une vision lointaine de sa jeunesse,

taire littéral) et P. Berret, dans le nᵒ de juin 1929 :
Victor Hugo et Paul Valéry (quelques rapproche-
ments curieux, mais pas toujours convaincants).
Mais le meilleur essai est assurément celui de Rudolf
Palgen, *le Cimetière marin von Paul Valéry, Versuch
einer Deutung*, Breslau, Trewendt und Granier. Cf.
Fräulein Dr. Burkart dans *Archiv für das Studium
der Neueren Sprachen und Literaturen*, 1932, p. 91-98.
Cf. encore P. Guéguen, *Paul Valéry*, Paris, 1928,
in-12, et la *Bibliographie de P. Valéry* de Ronald
Davis et R. Simonson, Paris, 1926.

une colline allongée dominant sa ville
natale de Sète et la maison paternelle
du quai, et aboutissant à ce lieu, où désor-
mais le voyageur ira rêver, que là-bas déjà
on appelle maintenant *le Cimetière marin*,
le lieu de ses tombes familiales, blanches
sous les colonnes sombres des cyprès entre
lesquelles s'aperçoit la mer éclatante et
bleue, « la mer toujours recommencée ».
Peut-être la vision se précisait-elle de la
prévision d'une démarche funèbre, qu'il
sentait trop proche. Ne devait-il point
conduire là, le 19 mai 1927, sa mère, alors
déjà si vieille et qui s'inclinait vers la
tombe? Ceci explique l'émotion contenue
des strophes consacrées aux disparus et
qui ont une étrange saveur de larmes, mais
de larmes refoulées, car ce poète lucrétien
n'est pas de ceux que la mort fait pleurer,
ni qui s'arrêtent à l'accidentel pour en
écouter le gémissement. S'il prête l'oreille,
c'est aux voix les plus profondes de la

conscience et, s'il regarde, ce sont des drames d'éternité.

Il faut donc accorder une place à cet élément personnel, qui fait du *Cimetière marin* une pièce lyrique, au sens ordinaire du mot, impliquant une sorte de confession sentimentale, mais extrêmement voilée, et se justifiant surtout en ceci que la conclusion en sera la détermination d'une attitude, le passage de la contemplation pure à l'action créatrice. Ce mouvement du poème, qu'une lecture, même sommaire, permet d'apercevoir, fait penser à la composition d'une tragédie classique, qui serait non pas en cinq, mais en quatre actes, pourvue d'une exposition, d'un nœud, d'un dénouement, l'action étant saisie au moment de la crise, au point précis où elle va se résoudre, révélant brusquement en traits de feu, à la lueur des événements qui se précipitent, les caractères essentiels du héros.

Mais on peut songer aussi au dialogue à la fois lyrique et dramatique de la tragédie grecque, dont ce Méditerranéen apparaît étrangement pénétré, avec ses trois acteurs, le protagoniste, le deutéragoniste et le tritagoniste.

Le protagoniste serait ici le Non-Être ou le Néant, dont l'immobilité est si admirablement symbolisée par Midi, Midi le juste, aux flèches verticales, Midi de feu, sous lequel le jeune étudiant de Montpellier prolongeait sa torpeur méditative et dans lequel un Leconte de Lisle déjà avait senti l'invitation au *Nirvâna* hindou :

Le cœur trempé sept fois dans le néant divin [1].

Le deutéragoniste, c'est la conscience, celle du poète sans doute, celle de l'homme aussi, tenté de s'abandonner à l'extase immobile qui l'identifierait au néant éter-

1. *Midi*, dans les *Poèmes antiques* (p. 29-32 de l'éd. Lemerre), qui se trouve être une des sources, sans doute inconscientes, de notre poème. Paul BERRET,

nel, mais capable de passer, comme la Mer, symbole de cette conscience, d'une immobilité frissonnante à la mobilité tumultueuse et créatrice.

Et le tritagoniste, c'est l'auteur, acteur à la fois et spectateur de ce drame qu'il contemple avec passion et selon le dénouement duquel il se résoudra.

Ainsi l'aspect des choses revêtira une double signification, le phénomène n'étant que le signe du noumène, le soleil de Midi étant l'Éternité inexorable, qui tente l'homme à se soumettre à elle par la fusion mystique, la Mer représentant la conscience aux sourdes profondeurs et aux possibilités illimitées, capable d'immobile contemplation et aussi de créations ou intégrations successives et indéfinies.

Cette idée est déjà en elle-même belle et

les Humanités, janvier 1929, 357-359, y ajoute le Cimetière d'Eylau, le Temple d'Éphèse, les Sept Merveilles et l'Épopée du Ver, de Hugo, que peut-être Paul Valéry n'a jamais lus.

féconde, elle le deviendra davantage par
le retentissement qu'elle provoquera dans
l'âme du poète, par l'émotion que sa contemplation lui inspirera, par la splendeur
des images et des rythmes dont il la cou-
vrira.

Acceptons donc provisoirement cette
hypothèse, qui n'a été évidemment con-
çue que par induction, après une première
lecture du poème, et vérifions-la dans les
différentes phases de celui-ci, où il est facile
de distinguer les quatre actes ou moments
que nous avons mentionnés :

1º Immobilité du Non-Être ou Néant
éternel et inconscient (strophes I-IV).

2º Mobilité de l'Être éphémère et conscient (strophes V-VIII).

3º Mort ou Immortalité? (strophes IX-
XVIII).

4º Triomphe du momentané et du successif, du changement et de la création
poétique (strophes XIX-XXIV).

I. Immobilité du Non-Être éternel
et inconscient.

I.

Ce toit tranquille où marchent des colombes,
Entre les pins palpite, entre les tombes;
Midi le juste y compose de feux
La mer, la mer, toujours recommencée!
O récompense après une pensée
Qu'un long regard sur le calme des dieux!

Large tableau, extrêmement synthéti-
que, où les traits essentiels du paysage
sont seuls marqués. Le toit tranquille,
c'est la mer, à ce moment immobile, *leit-
motiv* qui reviendra, à la fin de la troisième strophe, mais alors pour désigner
l'âme, dont il abrite les profondeurs, et,
une fois encore, à la fin du poème, pour rap-
peler la vision initiale. Que les colombes
soient les voiles blanches des pêcheurs de
Sète, personne n'en doutera; le cimetière,
poste d'observation, est indiqué aussi par
les tombes. Mais le vers essentiel est celui

qui concerne Midi, Midi le juste, parce
qu'il laisse tomber d'aplomb ses rayons et
qui rappelle, avec un sens différent, à la
fois « le juste Éther » de *la Jeune Parque*
et la Δίϰη, la justice, gardienne de l'Éternité dans la philosophie éléate [1].

Il semble qu'il y ait accord parfait dans
l'immobilité entre le soleil de Midi, la cha-
leur accablante et pleine, la mer qu'il
« compose » (apaise) de ses feux, et la conscience de l'homme qui laisse errer ses
regards « sur le calme des dieux », dieux
d'Épicure, indifférents en leur *ataraxie*
aux affaires humaines [2]. Pourtant, si
l'on y regarde de plus près, quelques élé-
ments possibles d'instabilité et de mobilité
apparaissent, ce toit *palpite*, la mer in-

1. Chez Parménide. Cf. Fouillée, *Extraits des
grands Philosophes*, p. 33.
2. Rudolf Palgen, *le Cimetière marin*, p. 21,
invoque ici Thalès, chez qui l'eau est l'élément primitif et Lucrèce II, 1093, dont le commencement
du Livre III n'a pas été, selon lui, sans action sur
les strophes de la *mortalité* de l'âme.

quiète est toujours *recommencée* ou renouvelée.

II.
Quel pur travail de fins éclairs consume
Maint diamant d'imperceptible écume,
Et quelle paix semble se concevoir!
Quand sur l'abîme un soleil se repose,
Ouvrages purs d'une éternelle cause,
Le Temps scintille et le Songe est savoir.

La deuxième strophe accentue l'impression d'éblouissement, de paix, de
tranquillité, d'éternité, d'absolu, cette
dernière notion s'exprimant dans la langue
valérienne par le mot *pur*, qui figure ici
au premier vers et au pénultième et qui
reviendra souvent. Dans cette éternité, la
conscience de l'homme, torpide, semble
vouloir s'abîmer tout entière; le songe,
méditation inconsciente, fusion mystique,
est pour lui, dans cette phase, le seul mode
de connaissance : le songe est savoir.

Je souligne le mot *semble* du troisième

vers, lequel introduit un doute. Cette paix
ne serait-elle que provisoire? La scintillation, avec ses apparitions et ses éclipses de
lumière, ses milliers de diamants écumeux
créés et aussitôt consumés, suggérant la
notion d'intermittence et de discontinu,
familière à la psychologie de Paul Valéry,
n'implique-t-elle pas l'instabilité du successif? Mais ce n'est encore qu'une possibilité,
qu'une hypothèse. Pour l'instant, le songe
de l'homme et l'éternité du temps s'identi-
fient, comme émanés tous deux de l'absolu,
« ouvrages purs d'une éternelle cause ».

III.
Stable trésor, temple simple à Minerve,
Masse de calme et visible réserve,
Eau sourcilleuse, Œil qui gardes en toi
Tant de sommeil sous un voile de flamme,
O mon silence!... Édifice dans l'âme,
Mais comble d'or aux mille tuiles, Toit!

La scène se transpose dans l'âme où en
ce moment, comme sur la mer, qui, dans

l'ordre naturel, la symbolise, le calme et
le silence règnent. Plusieurs images qui
eussent pu s'appliquer à celle-ci, vont
spontanément se porter sur celle-là, pa-
rachevant le système de leurs « correspondances » [1] : eau sourcilleuse, masse
de calme, visible réserve. Ce que la brillante écume était à l'abîme sans fond de
la mer, l'œil et son voile de flamme le
sont à l'âme. Mais les images architectu-
rales, chères à l'auteur d'*Eupalinos*, dont
la technique hésite toujours entre celles
de l'architecture, de la peinture et de la
musique, dominent : temple simple à
Minerve [2] et complexe pour nous,
édifice dans l'âme, mais dont nous ne
voyons que le comble d'or, l'ondula-
tion du toit qui jalousement nous dé-
robe les trésors de conscience qu'il abrite.

1. Le mot est baudelairien. Voir plus loin.
2. On songe à l'invocation de Renan à Athéna
dans la *Prière sur l'Acropole*. Rapprochement sans
doute fortuit.

Le silence du poète le rompra-t-il un
jour?

IV.

Temple du Temps, qu'un seul soupir résume,
A ce point pur je monte et m'accoutume,
Tout entouré de mon regard marin;
Et comme aux dieux mon offrande suprême,
La scintillation sereine sème
Sur l'altitude un dédain souverain.

Nous arrivons au point culminant, au
dénouement provisoire, de cette première
partie; en face du décor de l'âme, temple
au comble d'or, s'érige, ainsi que dans
l'ancienne mise en scène simultanée, le
décor de l'Éternité, le Temple du Temps,
ce temps, dont un soupir qui affirme la vie
pourrait libérer l'homme.

En cette minute d'extase, il accède sans
peine à ce point *pur* de l'absolu. Il regarde
la mer, dont l'*altitude* (au sens de profondeur qu'a souvent le latin *altitudo*,
profondeur des flots correspondant à la

profondeur de l'âme) est écrasée sous la
lumière éblouissante de midi. Or l'identi-
fication de l'âme et de l'absolu est telle
qu'elle croit que cette lumière réfléchie par
l'onde est sa propre offrande aux dieux
immobiles et indifférents de Lucrèce, qui
dédaignent et les agitations possibles des
hauts fonds de la mer et celles des « gouf-
fres » de l'âme. N'était la succession que
représente toujours la scintillation, on
croirait à la fusion absolue de l'Être dans
le Non-Être, dont il n'arrive pas à se
dégager.

II. Mobilité de l'Être éphémère et conscient.

V.

Comme le fruit se fond en jouissance,
Comme en délice il change son absence
Dans une bouche où sa forme se meurt,
Je hume ici ma future fumée,
Et le ciel chante à l'âme consumée
Le changement des rives en rumeur.

Ces trois premiers vers, qui sont parmi
les plus parfaits que le poète ait écrits,
et dont il est justement fier, expriment
avec un rare bonheur et une prudente
délicatesse l'idée encore presque inédite en
poésie, de la mortalité de l'âme, devant
laquelle l'esprit apaisé du poète n'éprouve
nulle angoisse, mais plutôt une sereine
jouissance comme anticipée. Une fois le
corps dissous ainsi que le fruit, l'âme qui
est sa forme, à son tour, s'envolera en
fumée. Le ciel le lui dit et elle ne s'en
émeut point, car déjà elle perçoit sa grandeur dans le changement, ainsi que sa
sœur la mer, dont les rives, si calmes au
début, s'agitent, maintenant en rumeur.
Par une savante progression, la notion
du changeant et de l'éphémère s'introduit
donc nettement cette fois dans cette
strophe, au dernier vers qui est le *leit-
motiv* de la deuxième partie. Tel Pascal,
Valéry opposera la dignité de la pensée

éphémère qui se connaît, à l'éternité immobile qui s'ignore [1] :

VI.
Beau ciel, vrai ciel, regarde-moi qui change!
Après tant d'orgueil, après tant d'étrange
Oisiveté, mais pleine de pouvoir,
Je m'abandonne à ce brillant espace,
Sur les maisons des morts mon ombre passe
Qui m'apprivoise à son frêle mouvoir.

Dans cette strophe et les deux suivantes, qui, selon une confidence de l'auteur, n'appartiennent point au dessein primitif et qu'il a songé [2] — bien à tort, je crois — à supprimer, l'idée du changement se précise. L'homme est mobilité et doit l'être. Est-ce que ce changement désigne une qualité du moi, opposée à la permanence de l'Absolu ou un état, une conversion, un abandon du Non-Être?

1. « Notre nature est dans le mouvement; le repos entier est la mort. » PASCAL, *Pensées*, n° 129, dans l'éd. Brunschvicg, in-16.
2. A cause, suggère justement R. PALGEN *(op. cit.,* p. 29*),* de ce qu'elles ont de trop biographique.

Il est difficile d'en décider. Longtemps, il
a eu l'orgueil de sa solitude. Il s'est com-
plu dans cette paresse que lui reprochait
Heredia et qu'il sentait cependant pleine
de possibilités indéfinies, et il a la tentation
de s'abandonner à l'absolu, mais il a
aperçu son ombre, son double, dont le
dernier vers cité exprime si bien l'immatérialité et que nous retrouverons.

On notera aussi ici un rappel, l' « oisiveté » répondant au « silence » de la troisième strophe et un avertissement, la
« maison des morts », annonce du déve-
loppement ultérieur, évocation en même
temps du lieu, point de départ de cette
méditation philosophique.

VII.

L'âme exposée aux torches du solstice,
Je te soutiens, admirable justice
De la lumière aux armes sans pitié !
Je te rends pure à ta place première :
Regarde-toi !... Mais rendre la lumière
Suppose d'ombre une morne moitié.

L'éclatante lumière de l'absolu semble triompher. Le poète se soumet au glaive inexorable du soleil qui le transperce et fait penser à la justice du feu chez Héraclite. Il s'efforce de ne rien altérer, par le miroir de son moi, de cette pureté divine qu'il invite à se *réfléchir* en lui. Mais réfléchir la lumière, la « soutenir » (c'est-à-dire l'arrêter, au sens latin du mot), suppose quelque chose de différent, la matière, qui fait que nous accompagne toujours une morne moitié d'ombre [1]. L'homme n'est pas esprit pur, il est chargé d'une forme mortelle, en dehors de laquelle il n'existe point et ne peut pas penser. Mais l'esprit même qui « réfléchit » a ses parties opaques et sombres.

VIII.

O pour moi seul, à moi seul, en moi-même,
Auprès d'un cœur, aux sources du poème,

1. On songe à *la Jeune Parque* (p. 17) :
  Mon ombre! la mobile et la souple momie

Entre le vide et l'événement pur,
J'attends l'écho de ma grandeur interne,
Amère, sombre et sonore citerne,
Sonnant dans l'âme un creux toujours futur!

Sans doute, à défaut de l'immobilité
que lui assurerait sa fusion avec la nature éternelle, préférerait-il, tournant ses
regards vers le dedans, à son accoutumée,
se figer dans la contemplation de ce moment essentiel « entre le vide et l'événement pur », entre le néant et la naissance
de la poésie ou plutôt de l'idée-mère ou
du motif initial du poème non encore réa-
lisé. Ce moment a toujours hypnotisé
Paul Valéry, il l'intéresse et l'émeut au
plus haut point : l'inconscient va devenir
conscient, la pensée se faire acte et il se
passionne d'autant plus qu'il voit, dans
ce phénomène individuel, une reproduc-
tion de la naissance de la conscience
humaine dans l'univers, décrite par *la
Jeune Parque.*

Il écoute la source qui va jaillir, il se
penche sur le puits sans fond, sombre et
sonore, d'où montera le chant futur. Le
tritagoniste — le poète — ne parle point
encore; il écoute.

III. Mort ou Immortalité ?

IX.

Sais-tu, fausse captive des feuillages,
Golfe mangeur de ces maigres grillages,
Sur mes yeux clos, secrets éblouissants,
Quel corps me traîne à sa fin paresseuse,
Quel front l'attire à cette terre osseuse?
Une étincelle y pense à mes absents.

Cette strophe se rattache à la cinquième
dont elle reprend le mouvement.

Il va parler, non pas à l'éternel muet,
mais à sa confidente, le propre double de
la conscience, la mer, qui semble prison-
nière des mailles des feuillages entre lesquelles elle apparaît rongeant les grilles
du cimetière, et pénétrant de sa clarté les

yeux clos qu'elle éblouit. Et de quoi
l'entretient-il ? d'un problème qui le
préoccupe après trois cents poètes et trois
mille ans de production poétique, la mort,
mais sur laquelle ses réflexions et ses sentiments seront bien différents des leurs, plus
sereins parce que acceptants. Il revient à
l'idée du corps faiseur d'ombre qu'at-
tirent les ombres, la terre pétrie d'os-
sements, tel corps qui fut celui d'un
ancêtre obscur et tel front par qui passa
l'étincelle que la vie lui transmit [1].

X.

Fermé, sacré, plein d'un feu sans matière,
Fragment terrestre, offert à la lumière,
Ce lieu me plaît, dominé de flambeaux,
Composé d'or, de pierre et d'arbres sombres
Où tant de marbre est tremblant sur tant d'ombres;
La mer fidèle y dort sur mes tombeaux!

1. Cf. dans les *Extraits du Log-book de Monsieur
Teste (M. Teste*, Société des Médecins bibliophiles,
1926, in-12, pp. 90-91)* : « Méditations sur son ascen-
dance, sa descendance. »

La méditation du cimetière se poursuit selon la tradition des Young, des Chateaubriand, des Lamartine et des Hugo, mais élaborée en un sens bien différent, en tant qu'imprégnée de la métaphysique familière au poète.

Le feu sans matière est le rappel du flamboiement de midi et de l'immobilité éternelle du Non-Être. Serait-ce par ce lieu enflammé de lumière, dominé par les flambeaux sombres des cyprès et auquel tant de souvenirs le rattachent, que l'éternel voudrait ressaisir le poète qui tente de lui échapper?

XI.

Chienne splendide, écarte l'idolâtre!
Quand solitaire au sourire de pâtre,
Je pais longtemps, moutons mystérieux,
Le blanc troupeau de mes tranquilles tombes,
Éloignes-en les prudentes colombes [1],
Les songes vains, les anges curieux!

1. Il ne s'agit plus ici des barques de la strophe 1.

Les séductions du lieu sont multiples et elles ne sont pas uniquement d'ordre sensoriel. Il agit par ses croix, par ses colombes du Saint-Esprit, ses génies penchés et ses anges protecteurs, consolations que la foi offre aux croyants prosternés devant leurs images. Que la mer, « chienne splendide », gardienne de ce sanctuaire, écarte la séduction de celles-ci ; elles troublent la méditation du poète et sont la tentation de son indifférence religieuse. Cette strophe, d'inspiration lucrétienne, a été ajoutée après coup, elle n'en est pas moins essentielle.

XII.

Ici venu, l'avenir est paresse.
L'insecte net gratte la sécheresse ;
Tout est brûlé, défait, reçu dans l'air
A je ne sais quelle sévère essence.
La vie est vaste, étant ivre d'absence,
Et l'amertume est douce, et l'esprit clair.

Plus puissante est l'attraction de la paresse totale qui est celle des morts, du

nirvâna qui absorbe l'âme dans le Non-
Être, « dans je ne sais quelle sévère essence », (quel dur principe), dans un silence,
« gratté » seulement par la stridulation des
cigales. *Vaste* est encore un latinisme qui
marque le vide d'une solitude désolée,
enivrée de l'absence de la conscience,
c'est-à-dire de la mort (le mathématicien
traite ici l'absence, cette négation, comme
une quantité positive pour la faire entrer
dans ses spéculations), mais que cependant l'esprit contemple avec une amertume
douce, avant de s'y fondre.

XIII.

Les morts cachés sont bien dans cette terre [1]
Qui les réchauffe et sèche leur mystère.
Midi là-haut, Midi sans mouvement
En soi se pense et convient à soi-même...
Tête complète et parfait diadème,
Je suis en toi le secret changement.

1. R. Palgen traduit *bien* par *wirklich*, vraiment,
tandis que j'interprète : « Se sentent bien. » *Sèche*
veut dire *tarit* leur mystère, y met fin. La mort qui

Midi, Midi l'absolu, l'éternel, l'immobile qui se suffit à lui-même, ayant la
perfection du cercle (car, en dépit de la
ponctuation, « tête complète et parfait
diadème », s'applique non au poète mais
au Non-Être; on songe à l'Univers fini
d'un Einstein), une fois de plus, semble
avoir triomphé, mais, par le même mouvement qui a rouvert la deuxième partie,
et avec une remarquable continuité dans
le dessein, le poète revient à l'idée de la
conscience individuelle, de l'homme principe de changement, intégration et indi-
vidualisation du Tout.

XIV.

Tu n'as que moi pour contenir tes craintes!
Mes repentirs, mes doutes, mes contraintes
Sont le défaut de ton grand diamant!...
Mais dans leur nuit toute lourde de marbres,
Un peuple vague aux racines des arbres
A pris déjà ton parti lentement.

dessèche est une pensée attribuée à Thalès (cf. Palgen, p. 37).

Et c'est une vision grandiose et toute
pascalienne [1] que celle de cet infiniment petit par le corps, de cet infiniment
grand par la pensée, lequel se pose en s'op-
posant à l'éternel et qui, par sa fermeté
d'âme, arrête [*contenir* a le même sens
latin que plus haut : *soutenir*] les craintes
que celui-ci tente de lui inspirer. L'homme
avec ses repentirs, ses doutes, ses volon-
tés, ses contraintes sociales ou ses règles
esthétiques, c'est le défaut dans le grand
diamant de l'absolu, ainsi qu'il est dit
dans l'*Ébauche d'un serpent* [2] :

un défaut
Dans la pureté du Non-Être

une tache, mais une tache germinative,
d'où bourgeonneront les floraisons indé-

1. Valéry est antipascalien (cf. *Variété*, pp. 137-
153) et cependant son attitude rappelle parfois celle
du Solitaire de Port-Royal.
2. *Charmes*, éd. 1926, p. 82.

finies des pensées. Au peuple des morts
de prendre parti pour l'éternel, qui les
boit, et d'être son complice.

XV.

Ils ont fondu dans une absence épaisse,
L'argile rouge a bu la blanche espèce,
Le don de vivre a passé dans les fleurs!
Où sont des morts les phrases familières,
L'art personnel, les âmes singulières?
La larve file où se formaient les pleurs.

Viennent alors deux strophes (XV et
XVI) qui expriment avec une rare vigueur
l'absolu de la mort, où « l'absence épaisse »
est le signe de la conscience à jamais abolie. La mélancolie des disparitions s'y
exprime sans larmes et sans cris et cependant avec un poignant regret de « ce que
jamais on ne verra deux fois ». Les mots
sont ceux de tous les jours, mais les quali-
ficatifs inattendus leur donnent une saveur particulière.

XVI.

Les cris aigus des filles chatouillées,
Les yeux, les dents, les paupières mouillées,
Le sein charmant qui joue avec le feu,
Le sang qui brille aux lèvres qui se rendent,
Les derniers dons, les doigts qui les défendent,
Tout va sous terre et rentre dans le jeu!

Le plus poignant et le plus précis des
regrets est celui qui s'applique à la beauté
des femmes et aux gestes de l'amour. Je
connais peu de strophes plus voluptueu-
ses, et en même temps plus délicates que
celle-ci, d'une sensualité qui surprendrait
chez cet esprit pur, si l'on ne savait les
tentations et les rêves brûlants de l'intel-
lectuel qui a trop donné à l'abstraction
et sur qui la chair prend sa revanche [1].

1. La chienne sensualité quand on lui refuse la
chair ronge l'esprit, a écrit quelque part Nietzsche.
« Tout rentre dans le jeu », on sait la hantise du jeu
dans l'école mallarméenne (qu'on pense à *Un coup
de dé jamais n'abolira le hasard*) et à la conception
du hasard et de la chance chez Valéry lui-même.
ALAIN, *Commentaire*, p. 220, évoque à propos de
cette strophe, les *Odes* d'Horace, I, IX, mais il
s'agit, selon le poète, d'une rencontre fortuite.

Depuis Villon on n'avait plus rien écrit
là-dessus d'aussi prenant et d'aussi direct :
étonnant renouvellement du génie qui peut
encore parler avec originalité de la mort.

XVII.

Et vous, grande âme, espérez-vous un songe
Qui n'aura plus ces couleurs de mensonge
Qu'aux yeux de chair l'onde et l'or font ici?
Chanterez-vous quand vous serez vaporeuse?
Allez! Tout fuit! Ma présence est poreuse,
La sainte impatience meurt aussi!

Par une fiction poétique, il semble que
l'on entende ici le Chœur élyséen des
morts interpellant l'âme qui aspire en
vain à l'immortalité. Le « tout fuit », est
le πάντα ῥεῖ d'Héraclite. Rien, rien à espé-
rer, pas même la réalité d'un songe, ou une
vapeur, chantant dans le vent. L'âme est
poreuse à l'éternel, qui la boira elle aussi.

Poreuse à l'Éternel qui me semblait m'enclore
Je m'offrais dans mon fruit de velours qu'il dévore,

dit *la Jeune Parque* (p. 75). Et périra
encore l'impatience d'être, qui dresse
l'âme révoltée et consciente contre cela
qui l'absorbera.

XVIII.

Maigre immortalité noire et dorée,
Consolatrice affreusement laurée,
Qui de la mort fais un sein maternel,
Le beau mensonge et la pieuse ruse!
Qui ne connaît, et qui ne les refuse,
Ce crâne vide et ce rire éternel!

Cette immortalité, que la philosophie
et la religion complices offrent à l'homme,
le poète, en une âcre strophe, la raille
cruellement dans les aspects médiocre-
ment symboliques sous lesquels on la présente sur les draps mortuaires : crâne vide
de squelette au rictus figé, les statues de
campo santo, les bustes laurés de cette
gloire dont un Ronsard se satisfait.

IV. Triomphe du momentané et du successif, du changement et de la création poétique.

XIX.

Pères profonds, têtes inhabitées,
Qui sous le poids de tant de pelletées,
Êtes la terre et ne confondez nos pas,
Le vrai rongeur, le ver irréfutable,
N'est point pour vous qui dormez sous la table,
Il vit de vie, il ne me quitte pas!

Le tritagoniste assiste attentif à cette lutte dont il est l'enjeu. Comment se résoudra-t-il, lui l'éphémère, entre le néant éternel et le vivant changement. Devancera-t-il la mort par son immobilité, son silence ou son extase mystique, optera-t-il pour les vivants ou pour les morts, qui ne peuvent même plus distinguer son pas? [1] Cette strophe qui les invoque, fait

1. R. Palgen entend ,,confondent'' au sens de ,,réfutent''.

pressentir peut-être le dénouement. Le
ver rongeur n'est pas celui qui travaille
les cadavres sous la table de marbre ou le
granit du tombeau, c'est celui qui patiem-
ment, irréfutablement, vrille le cerveau
du poète, c'est la conscience inexorable et
agissante.

XX.

Amour, peut-être, ou de moi-même haine?
Sa dent secrète est de moi si prochaine,
Que tous les noms lui peuvent convenir!
Qu'importe! Il voit, il veut, il songe, il touche!
Ma chair lui plaît et jusque sur ma couche,
A ce vivant je vis d'appartenir!

Agit-il par amour ou par haine, ce ver
rongeur de la conscience? A une certaine
température morale, celle « de l'intérêt
passionné », c'est tout un[1]. Mais il ne le
quitte point, jusque sur sa couche où le
songe prolonge la réflexion de la veille. Il
se nourrit de la substance du poète et

1. Cf. *Variété*, p. 98.

celui-ci ne vit que de cette perpétuelle morsure, qui est renouvellement, vie et mouvement.

XXI.

Zénon! Cruel Zénon! Zénon d'Élée!
M'as-tu percé de cette flèche ailée,
Qui vibre, vole et qui ne vole pas!
Le son m'enfante et la flèche me tue!
Ah! Le Soleil... Quelle ombre de tortue
Pour l'âme, Achille immobile à grands pas!

Mais si ceci n'était qu'une illusion? Si, comme le veut l'antique philosophe grec Zénon d'Élée, le mouvement n'existait point? S'il avait raison en ses paradoxes, celui de la flèche et celui de la tortue d'Achille [1]. La flèche qui vibre et paraît

---

(1) Le point de départ de cette strophe et peut-être de tout *le Cimetière marin* est dans la lecture de l'article de V. BROCHARD, *les Prétendus sophismes de Zénon d'Élée*, dans la *Revue de Métaphysique et de Morale*, 1893, pp. 209-215.

Voir aussi A. FOUILLÉE, *Histoire de la Philosophie*, pp. 55-56, ou L. ROBIN, *la Pensée grecque*, Paris, Renaissance du Livre, 1923, pp. 113-114. Il est à noter que le même tome, 1893, de la *Revue de Méta-*

voler, ne bouge pas selon cet Éléate, car,
pour se mouvoir réellement, elle devrait
parcourir l'infinité des points qui sépa-
rent la corde de l'arc du but visé, dans un
espace indéfiniment divisible. Quant à
Achille, il n'atteindra point la tortue qui
l'a devancé de si peu que ce soit, car pour
cela, il doit parcourir tous les points qu'elle
a foulés, et aussi la moitié de leur distance
et encore la moitié de cette moitié et ainsi
à l'infini. A ce double paradoxe, le poète
fait la réplique de Diogène qui y répondait
en marchant : le son de la flèche qui vibre
me fait frissonner et change mon être [1],
la flèche me tue. Le soleil serait-il la
tortue de l'âme-Achille? le mouvement,
le changement de celle-ci ne serait-il

---

physique contient deux autres articles sur ce sujet :
G. Noel, *le Mouvement et les arguments de Zénon
d'Élée*, pp. 107-125; Georges Lechalas, *Note sur les
arguments de Zénon d'Élée*, pp. 396-400.

[1]. Alain, dans son *Commentaire*, p. 222, interprète tout autrement. « Le son m'enfante... », c'est
le poème sans contenu.

qu'une illusion? O cruauté! Zénon, cruel
Zénon!

XXII.

Non, non!... Debout! Dans l'ère successive!
Brisez, mon corps, cette forme pensive!
Buvez, mon sein, la naissance du vent!
Une fraîcheur, de la mer exhalée,
Me rend mon âme... O puissance salée!
Courons à l'onde en rejaillir vivant!

Mais non, le poète se ressaisit, et cette
fois ce n'est plus la conscience abstraite
de l'homme, c'est lui, lui, chair, sang et
pensée, corps et âme, exaltation et mouvement, qui s'élance dans l'ère *successive*
où tout est mobilité. Il faut briser « la
forme pensive », la méditation extatique,
l'extase mystique qui a failli, trop tôt,
avant l'heure finale, l'absorber, l'écraser
dans l'immobilité éternelle du Non-Être
ou néant. Voici que le vent se lève, que
la mer lance ses fraîcheurs salées, que
l'onde s'agite et que le poète, ce na-

geur ¹, veut s'y tremper pour en sortir
vivant.

XXIII.

Oui! Grande mer de délires douée,
Peau de panthère et chlamyde trouée
De mille et mille idoles du soleil,
Hydre absolue, ivre de ta chair bleue,
Qui te remords l'étincelante queue
Dans un tumulte au silence pareil,

Ce n'est plus la mer du début du poème,
eau brillante, à peine sourcilleuse, c'est
la grande mer « de délires douée » à la
peau tachetée de panthère, à la chlamyde
ou pèlerine antique, « trouée » des mille
images (idoles a le sens d'εἴδωλον) du soleil
l'hydre déliée, ivre, se mordant la queue
pour indiquer le fini, dans un tumulte
que la continuité et la monotonie du
bruissement rendent pareil à un silence
prolongé.

1. Il faillit un jour périr dans les flots qu'il aimait
étreindre de ses bras.

XXIV.

Le vent se lève!... Il faut tenter de vivre!
L'air immense ouvre et referme mon livre,
La vague en poudre ose jaillir des rocs!
Envolez-vous, pages tout éblouies!
Rompez, vagues! Rompez d'eaux réjouies
Ce toit tranquille où picoraient des focs!

Il faut vivre; sous le vent palpite le livre, où les vers et les jours s'inscrivent; la vague se brise en poussière blanche sur les rocs, les pages et les strophes jaillissent comme elle du cerveau en rumeur. Les lames rompent le toit tranquille où marchaient les colombes, la surface unie que picoraient les voiles des beauprès.

Le drame se termine donc sur la voix du tritagoniste chantant un hymne bergsonien [1] à la vie, à l'énergie créatrice, au triomphe du momentané et du successif

---

1. Je ne veux pas dire par là que le poète se soit inspiré du philosophe, puisque souvent il l'a précédé et que l'*Introduction à Léonard de Vinci* est antérieure de trois ans à *Matière et Mémoire* (A. THIBAUDET, *op. cit.*, p. 153). Ainsi Corneille a précédé Descartes.

sur l'éternel et l'immobile [1]. Il paraît difficile d'atteindre à plus de grandeur que dans ce dénouement, qui dresse l'homme en face de l'Éternité, l'être en face du Non-Être, la vie en face du néant.

Y a-t-il dans ce poème, un système philosophique original [2], une découverte métaphysique? Ce n'est pas sûr, mais ce n'est pas non plus nécessaire. Le rôle du vrai poète philosophe n'est pas de créer

Il y a entre les uns et les autres des *coïncidences* qui sont celles d'un temps, ou des harmonies préétablies.

1. Le poète a adopté « le *parti* du changement, le *pari* pour le changement », écrit ingénieusement A. THIBAUDET (*op. cit.*, p. 156). Je me trouve donc d'accord avec lui sur l'essentiel, mais cet accord, j'ai voulu ne le constater que mon explication achevée et je le tiens pour la meilleure garantie de la validité de celle-ci.

2. Sur la philosophie de Paul Valéry, on consultera avec profit l'article de L. ESTÈVE, *Autour de Valéry*, dans la *Revue de Métaphysique et de Morale*, janvier-mars, 1928, pp. 54-105.

des systèmes (Lucrèce se borne à interpré-
ter Épicure, Hugo à combiner Mani-
chéisme et Christianisme), mais d'éprouver
et de nous faire éprouver, à propos des
notions métaphysiques les plus abstraites,
des sensations profondes et vivantes, tra-
duites en images neuves et fortes.

Si Hugo, qui toujours reste le Père, sait
susciter à nos yeux par l'image la vision
des mondes dans *la Bouche d'ombre* :

L'Hydre Univers tordant son corps écaillé d'astres,

Valéry n'excelle pas moins à nous plon-
ger dans l'immensité de l'Éther, l'espace
de ces physiciens qu'il aime plus encore
que les métaphysiciens, où le soleil paraît
suspendu sur l'abîme et où la lumière dar-
dée sur « la surface libre » de la mer, et
pesant sur l'homme comme une chape
de plomb, lui donne la sensation du Non-
Être et la tentation de s'y fondre par l'ex-

tase. Les morts, les morts chéris du cimetière familial, sont complices du néant et
répètent avec plus de tendresse son invitation. Mais heureusement que l'ombre,
l'ombre du corps vivant sur la blancheur
des tombeaux, est l'indice d'une différence,
d'une résistance, la résistance de ce corps
sans lequel l'âme individuelle ne pense et
n'existe point. Elle aussi a un complice :
la mer, son double, toujours renouvelée
et qui, comme elle, abrite sous une brillante enveloppe, sous un toit doré, ses
richesses insoupçonnées et ses tumultes,
mais les siens sont moins expressifs, ceux
de l'énergie créatrice au contraire ne reste-
ront pas « un creux toujours futur », ils
prendront forme, ils seront harmonie, et
harmonie communicable, révélatrice du
mystère des mondes.

Or cette solution ou cette résolution est
celle même du poète qui, après s'être vingt
ans absorbé dans la réflexion — tel un Des-

cartes entre la rencontre avec Beekman
à Bréda (1618) et la publication du *Discours de la Méthode* (1637) — se décidera
enfin, en 1913, à ,,exercer '', à ,,essayer''
ses pensées en des rythmes, à créer, à
annoncer sa révélation : 1917, *la Jeune
Parque*, 1920, *le Cimetière marin*.

Et voilà en quoi ce drame métaphysique, dont le pathétique est celui de
l'intellect [1], est en même temps un drame
lyrique, car, sous une forme à peine voilée,
il trahit les émotions et les décisions du
poète.

A vrai dire il n'attirerait comme spec-
tateurs et comme auditeurs que des philosophes et des penseurs, si toutes les
idées, même les plus abstraites, n'étaient
revêtues d'une résille d'images et d'harmonies selon la formule que, déjà au
milieu du xvie siècle, Dorat au collège

1. Cf. *Variété*, p. 117.

de Coqueret prêchait à son élève Pierre
de Ronsard :

Disciple de Dorat qui longtemps fut mon maître,
M'apprit la Poésie et me montra comment
On doit feindre et cacher les fables proprement
Et à bien déguiser la vérité des choses
D'un fabuleux manteau dont elles sont encloses [1].

Source de séduction, source d'obscurité aussi, car il faut percer le brouillard
lumineux de ces fables. Cependant, il
n'y a pas ici un mythe unique, mais un
système de *correspondances* pour employer
la formule de Baudelaire, précurseur
authentique du Symbolisme [2]. La mer est
un toit tranquille où marchent les colom-

1. *Œuvres* de Ronsard, Lemerre, t. IV, p. 313;
cf. mon *Ronsard, sa vie et son œuvre*, 2e éd., 1932,
p. 51.
2. *Fleurs du Mal*, IV, Paris, Calmann-Lévy,
p. 92 :

La Nature est un temple où de vivants piliers
Laissent parfois sortir de confuses paroles;
L'homme y passe à travers des forêts de symboles
Qui l'observent avec des regards familiers.

bes des voiles et où picotent les focs des
beauprès. Voilà son aspect immobile. Elle
est aussi couverte d'un manteau semé de
diamants d'écumes qui, scintillant, paraissent et disparaissent, et voilà son aspect
changeant. Ce manteau, plus tard, sera
chlamyde, mais chlamyde trouée par les
flèches d'or du soleil, ou peau de panthère
tachetée. La mer, qu'on ne perd jamais de
vue dans le poème, est aussi vivante,
étant d'abord la chienne, splendide gardienne des tombeaux (peut-être Valéry
a-t-il pensé au Cerbère antique) et une
hydre, ivre de sa chair bleue et se mordant
la queue (peut-être l'image vient-elle de
Hugo). Mais sous ces trois aspects succes-
sifs, elle reste le symbole merveilleusement souple de la conscience humaine.

Il ne faut point attendre au contraire
une personnification du Soleil (le Phébus-
Apollon des lyriques de ce XVIIIe siècle,
auquel on veut, je ne sais pourquoi, rat-

tacher Valéry), car il représente le Non-
Être ou le Néant, et ceci trahit une remarquable conformité de la forme et du fond,
de l'image et de l'objet. Dans ,,Midi le
juste'', le qualificatif n'a qu'une valeur
mathématique et non une signification
morale, ainsi les « dons du juste Ether »
dans *la Jeune Parque*. Cependant il est,
par deux fois, question des dieux, mais
nous avons dit que ce sont les dieux
d'Épicure, immobiles en leur ataraxie, et
indifférents au monde des vivants.

La mer étant le symbole de l'homme
ou de la conscience humaine, les mêmes
images vont s'appliquer à l'une et à l'autre, au point que souvent le lecteur ne sait
plus avec précision à laquelle des deux —
mer ou âme — elles se rapportent, notam-
ment à la strophe III, où la confusion
semble entretenue à dessein; le comble
d'or le toit (du temple de Minerve) désignant cette fois l'âme impénétrable, riche

de ses trésors et de ses réserves indéfinies. Elle aussi a son « voile de flamme », et est une « eau sourcilleuse ».

Parfois, étonné des profondeurs où il peut descendre, c'est l'image d'un puits sans fond [1] qui se présente à l'esprit de celui qui va créer.

La vie en sa fragilité est un fruit qui fond dans la bouche (str. V) :

Comme le fruit se fond en jouissance,
Comme en délice, il change son absence
Dans une bouche où sa forme se meurt...

Il est difficile de concevoir une image plus adéquate à l'idée qu'elle veut exprimer.

Quant aux tombes de marbre, elles sont le blanc troupeau de moutons mystérieux que paît le poète, et cette métaphore fait

---

1. Hugo, à la fin de la *Tristesse d'Olympio*, se montre, le bras armé d'un torche, et descendant au fond de sa conscience (*les Rayons et les ombres*).

penser à Hugo et au pâtre promontoire [1]
(str. XI) :

Quand, solitaire au sourire de pâtre,
Je pais longtemps, moutons mystérieux,
Le blanc troupeau de mes tranquilles tombes.

Il n'est besoin d'aucun commentaire
pour goûter le charme de ces vers qui
bientôt chanteront dans toutes les mé-
moires, non plus que de celui-ci (str. X) :

Où tant de marbre est tremblant sur tant d'ombres.

Et que dire de cette image si énergique
en sa simplicité et dont le charme réside
sans doute dans une expression abstraite
et nouvelle pour désigner notre race (str.
XV) :

L'argile rouge a bu la blanche espèce.

1. *Contemplations*, éd. Lemerre, II, pp. 154-155.

Ne goûtez-vous pas aussi celles qui parlent des morts « pères profonds, têtes inhabitées » (str. XIX et XIV) :

Un peuple vague aux racines des arbres...

L'on ne reprochera plus à notre poésie d'être trop oratoire et de ne pas savoir suggérer l'imprécis.

Par contre, je ne sais rien de plus précis que ces phrases qui, matériellement, rendent étonnamment présente leur existence passée, surprise au rappel de leurs dictions ordinaires et peut-être maniaques, comme un vieil habit retrouvé où leur forme s'insérait, de leur façon particulière (« l'art personnel ») d'être, d'agir, de gesticuler, de leurs yeux si chers et si vifs, où maintenant la larve bave son fil visqueux (str. XV) :

Où sont des morts les phrases familières,
L'art personnel, les âmes singulières?
La larve file où se formaient les pleurs.

Ce souci du détail, évocateur, allant
jusqu'au réalisme, mais sans crudité, sur-
prend chez ce philosophe, pour qui cependant le monde extérieur existe (str. XVI) :

Les cris aigus des filles chatouillées,
Les yeux, les dents, les paupières mouillées,
Le sein charmant qui joue avec le feu,
Le sang qui brille aux lèvres qui se rendent,
Les derniers dons, les doigts qui les défendent,
Tout va sous terre et rentre dans le jeu.

Baudelaire même n'a rien écrit de plus
audacieux et l'on pense aussi à la danse
Macabre, aux Danses des Morts des pein-
tres et des poètes du XVe siècle.

Il convient d'insister enfin sur quelques
images extrêmement importantes, parce
qu'elles font partie chez Paul Valéry du
système de ses pensées essentielles : la
conscience individuelle de l'homme est le
défaut dans le grand diamant du Non-Être,
elle reste cependant poreuse à l'éternel.
Là où elle n'est point, son *absence* est res-

sentie comme quelque chose de matériel
et traitée en quantité positive dans cette
algèbre poétique. Des morts il est dit
(str. XVI) :

Ils ont fondu dans une *absence* épaisse [1].

Il y a là, avec le *pur* désignant l'absolu
et qui ne se retrouve pas moins de cinq
fois au début du poème (str. II (2 fois),
IV, VII, VIII) un de ces vocables-hantises
qui sont de la langue valérienne.

Un des secrets du charme étrange de
celle-ci, et que sans doute découvrit
d'abord l'enchanteur, je veux dire Chateaubriand, qui, le premier, parla de « la cime
indéterminée des forêts », réside dans le
choix de l'adjectif rare. Paul Valéry rap-
pelait un jour telle table de café de la rue

1. A rapprocher de *la Jeune Parque* (p. 13) :
    Je sors, pâle et prodigieuse,...
D'une absence aux contours de mortelle bercés
Par toi seule...

d'Amsterdam devant laquelle Huysmans et Mallarmé, feuilletant les épreuves des *Contes cruels* de Villiers de l'Isle-Adam s'extasiaient sur cette épithète : « La clarté déserte de la lune. »

De pareilles trouvailles sont ici légion : Ce toit *tranquille* (I), Midi le *juste* (I), à rapprocher de l' « admirable *justice* » de la lumière à la str. VII, « la mer toujours *recommencée* » (I), « *stable* trésor » (III), « eau *sourcilleuse* » (III), « mon regard *marin* », qui, sans équivoque possible, désigne le paysage que le regard découvre, « le Cimetière *marin* ». Le terme est devenu maintenant usuel à Sète et on le prononce spontanément devant tous ces champs de repos, entourant de basses églises nor-mandes et dont le gazon, par-dessus la falaise, semble se prolonger dans le vert de la vague. La scintillation *sereine* (IV) est banale, mais non pas « l'âme *consumée* » (V), « ma grandeur *interne* » (VIII),

« un creux toujours *futur* » (VIII), « la
terre *osseuse* » (IX), qui est une rencontre,
« la mer *fidèle* » (X), « chienne *splendide* »
(XI), « l'absence *épaisse* » (XV), « ma présence est *poreuse* » (XVII).

Dans tout cela, peu de néologismes, au
sens de créations de mots nouveaux, mais
des emplois très particuliers de mots déjà
existants : latinismes ou hellénismes surtout, qui n'étonnent point chez cet huma-
niste, si pétri de civilisation méditerra-
néenne et de culture classique, qu'on a
quelquefois l'impression, comme chez Ronsard, qu'il pense en latin et en grec. La
solution de maint vers, en apparence
obscur, de Valéry se trouvera dans un
dictionnaire de l'une de ces deux langues.
Dans la strophe IV, *altitude* a le sens latin
de profondeur, *pur* désigne l' « absolu ».
Je te soutiens (VII) [1], *contenir* (XIV),

1. Erreur d'interprétation sur ce mot dans Albert
Thibaudet, *op. cit.*, p. 116.

gardent leur nuance étymologique latine
d'opposition, *vaste* veut dire vide, *absolue*, déliée. « *Table* » (XIX) rappelle les
tabellae ou tableaux votifs et signifie
lame, pierre tombale, tandis que *idoles*
(XXIII) est l'εἴδωλον, l'image. Sont grecs
encore : la *chlamyde*, et l'*hydre* de la même
strophe.

D'archaïsmes français je ne vois guère
que *poudre* au sens de poussière (XXIV)
et cette omission délicieuse du pronom
personnel, qui fait penser à un vers de
Ronsard et donne l'immatérialité cher-
chée (XVII) :

Chanterez-vous quand serez vaporeuse?

Archaïsme aussi peut-être, ressortis-
sant également à la langue de la Pléiade,
puisque du Bellay le conseillait, que cet
emploi de l'infinitif comme substantif :
« le songe est savoir » (II), « oisiveté pleine
de pouvoir » (VI), « son frêle mouvoir » (VI).

Qu'on ne croie pas que ce soient là, pour le poète, des choses indifférentes. Technicien [1], ouvrier du vers et de la langue, il s'intéresse à ces questions de forme, autant qu'à l'idée qu'elle traduit et avec qui elle fait corps, ainsi que l'esprit n'existe point sans son revêtement charnel.

Mais surtout il est sensible à l'harmonie du vers et aux choix des syllabes. *La Pythie*, dans *Charmes*, est le résultat d'une gageure avec Pierre Louys, qui lui avait reproché de ne pas bien manier l'octosyllabe et qui s'inclina devant ceux qu'elle vaticine.

J'ai déjà dit en commençant que, selon les affirmations du poète, à l'origine était un rythme, non encore rempli par des

1. « On a reçu comme sur une plaque sensible une lueur non éclairante, mais fulgurante. On va dans la chambre noire pour développer », disait Paul Valéry dans la mémorable séance de la Société de Philosophie, du 28 janvier 1928, à la Sorbonne, à propos de la création artistique.

syllabes, ce décasyllabe devenu désuet et
que nos poètes avaient, depuis le XVIe
siècle, étrangement négligé. Ces décasyl-
labes, il les groupa en 24 sixains isométri-
ques, c'est-à-dire à l'exclusion de tout
autre mètre plus long ou plus court, avec
l'alternance F F M F' F' M, strophe à
laquelle la terminaison masculine donne
une grande solidité. L'allitération, soit
vocalique soit consonantique, y est moins
poussée que dans l'*Ébauche d'un serpent*,
qui fut faite pour la mettre en œuvre,
mais elle apparaît très nette dans ce vers
qu'a justement loué un poète, François
Porché, [1] et qui exprime si ingénieusement, par la multiplication des *t* et des *s*,
la stridulation de la cigale dans l'air brû-
lant du Midi (XII) :

L'insecte net gratte la sécheresse.

1. *Paul Valéry*, Paris, Lesage, 1926, in-12,
pp. 34-44. Le poète renchérira toujours sur le professeur dans l'analyse du son.

C'est une impression analogue de dureté
que donne le dernier vers qu'on a tant
critiqué et où le martèlement des deux
monosyllabes au début et à la fin semble
vouloir briser l'extase du dormeur (XXIV) :

Ce toit tranquille où picoraient des focs [1].

Ailleurs ce sont les sifflantes qui règnent
seules : « La scintillation sereine sème »
(IV), « sombre et sonore citerne » (VIII),
« Le temps scintille et le songe est savoir »
(II).

Après les allitérations consonantiques,
sur qui repose l'ancienne poésie germani-
que, signalons une allitération en *u*, destinée à imiter l'acte d'aspirer (V) :

Je h*u*me ici ma f*u*t*u*re f*u*mée.

1. L'effet eût été plus net encore, si le poète
avait remplacé *picoraient* par *picotaient*, qui serait
d'ailleurs plus exact, *picorer* impliquant une nuance
de maraude, qui n'est pas visée ici. La confusion-
calembour, qui peut se produire à l'audition, sur

Mais surtout il faut admirer la largeur
que Valéry sait donner à son décasyllabe
quand il décrit le lieu qui est le centre et
le point de départ de sa méditation :

Où tant de marbre est tremblant sur tant d'ombres...

Le blanc troupeau de mes tranquilles tombes.

L'argile rouge a bu la blanche espèce...

Jamais encore le décasyllabe, ce parent
pauvre de la prosodie française moderne,
n'avait atteint une pareille ampleur.

Mais il est plus malaisé de démêler le
secret de l'harmonie totale qui vous emporte et vous soulève du début jusqu'à
l'extrémité du poème. On n'a pas fini de
rendre compte d'une sonate ou d'une sym-

le mot *foc*, est plus fâcheuse. Il y a peut-être là une
sorte d'impertinence, telle que la pratiquaient parfois les poètes romantiques et post-romantiques,
à l'égard du « bourgeois ».

*

phonie de Beethoven, en la décomposant
en ses sujets et contre-sujets, en exami-
nant la succession des tons et des modes,
il faut ensuite s'abandonner au charme
de la chose entendue, laisser les sons, en-
chaînés par le génie du musicien, pénétrer
dans l'âme pour y opérer leur séduction
et l'on songe à ces pages où Schopen-
hauer nous a dit que la musique nous
approchait mieux que toute méditation
de l'âme du Monde.

Ainsi je voudrais que l'on oubliât ce
commentaire et celui qui l'a fait, que rien
ne s'interposât plus entre le poète et son
lecteur. Que celui-ci, ayant été initié une
fois, comme dans les mystères d'Éleusis,
à un art et à une doctrine qu'il a pu se
croire d'abord à jamais fermés et qui ne
visent qu'à traduire l'extase angoissée
du poète philosophe entre la splendeur
immobile du Non-Être et l'inquiétude
frémissante de l'Être, entre l'Univers qui

s'ignore et la conscience qui se connaît,
entre l'Éternel, qui est *pure* lumière et le
momentané, qui a la richesse, la fécondité
et le chatoiement de l'existence, prenne
part à son tour à cette extase, à cette
inquiétude, à ce réveil, pour aller avec
lui vers l'action créatrice et vers la
vie.

Qu'il goûte le charme des images augus-
tes ou familières qui ont servi à traduire,
dans la pauvre langue abstraite de tous
les jours, les arcanes de l'Univers et de
notre destinée, qu'il s'abandonne à la
magie des vers et des strophes, et qu'il
se reconnaisse en présence d'un des grands
poètes philosophes que l'humanité ait
connus, moins théoricien que Lucrèce,
moins visionnaire que Dante, moins cos-
mique que Hugo, mais descendant autant
et plus qu'eux dans les profondeurs de
l'âme capable d'en éprouver et d'en faire
éprouver le frisson métaphysique, poète

de la connaissance [1] et de la conscience qui naît, chantre des genèses spirituelles et habile comme eux à transposer l'accord silencieux, éternel et divin des sphères, dans les harmonies sensibles et momentanées de l'homme.

1. « Nous n'avons point chez nous de poètes de la connaissance », a écrit Paul Valéry dans *Variété* (p. 117). Il a tort, il y en a un, et c'est lui. Jamais poète ne s'est mieux défini sans le vouloir.

APPENDICE BIBLIOGRAPHIQUE

I. BIBLIOGRAPHIES

Ronald Davis et R. Simonson, *Bibliographie de Paul Valéry*, Paris, 1926.

On trouvera également des indications bibliographiques plus ou moins détaillées

à la suite du volume : *Monsieur Teste*, par Paul Valéry, Paris, L'Intelligence, 1927;

dans : *Fauteuil XXXVIII Paul Valéry*, Paris, Alcan, 1930;

et surtout dans : *la Fiche bibliographique française*, rédigée et établie par Hector Talvart, Nº 16, juin 1928, fiches Nºs 386 à 395, 402 et 403, La Rochelle, Les Impressions d'Art.

II. ÉDITIONS

Première publication dans *la Nouvelle Revue Française*, 1er juin 1920.

Le Cimetière marin, édition originale, Paris, Émile-Paul, petit in-8°, 1920 (556 exemplaires).

Éditions ultérieures :

Paris, Ronald Davis, avec sept eaux-fortes de
l'auteur, in-4º, 1926 (95 exemplaires).

Paris, La Centaine, avec pointes sèches de JEAN
MARCHAND, in-4º, 1927 (100 exemplaires).

Le Cimetière marin fait partie :

  1) du recueil de poèmes

Charmes, Paris, Gallimard, petit in-4º carré, 1922
(rééditions *ibid.*, in-12 et in-12 carré, 1926);

Charmes, Poèmes de PAUL VALÉRY, commentés
par ALAIN, *ibid.*, in-4º, 1929;

  2) du recueil collectif

Poésies, Édition monumentale, *ibid.*, in-folio,
1929. Édition courante, *ibid.*, in-12, 1930;

  3) ainsi que des

Morceaux choisis de PAUL VALÉRY, *ibid.*, in-12,
1930.

Il a été recueilli dans les anthologies suivantes :

G. WALCH, *Anthologie des poètes français contempo-
rains*, nouvelle édition, tome III. Le Parnasse
et les Écoles postérieures au Parnasse, Paris, Dela-
grave, 1926.

M. BRAUNSCHVIG, *la Littérature française contempo-
raine étudiée dans les textes*, Paris, Armand Colin,
1926.

E. Maynial, *Anthologie des Poètes du XIXᵉ siècle*,
(à l'usage des classes), Paris, Hachette, 1929.

M. Mac Laren, *Anthologie de la Poésie française.
Les Modernes*, Londres et Paris, Hachette, 1929.

F. Rauhut, *Anthologie der französischen Lyrik von
Chénier bis zur Gegenwart*, München, M. Hueber
Verlag, 1931.

III. COMMENTAIRES.

Albert Thibaudet, *Paul Valéry*, Paris, Grasset,
1923, pp. 149-156.

Frédéric Lefèvre, *Paul Valéry et « le Cimetière
marin »*, dans *Revue des Cours et Conférences*,
1925-1926, t. I, pp. 78-90.

Frédéric Lefèvre, *Entretiens avec Paul Valéry*,
avec une préface d'Henri Bremond, Paris, Cha-
montin, 1926, in-12, pp. 62-63 et *in fine*.

T. Sturge Moore, *A poët and his technique.
The new Criterion*, Londres, juin et octobre 1926.

Paul Souday, *Paul Valéry*, Paris, S. Kra, 1927,
pp. 27-29.

René Fernandat, *Paul Valéry*, Paris, 1927, pp. 81-
94.

— *Méditation sur M. Valéry et « le Cimetière marin »*, Saint-Étienne, 1927.

L. Estève, *Autour de Valéry. Revue de Métaphysique et de Morale*, Paris, janvier-mars 1928.

P. Guéguen, *Paul Valéry*, Paris, 1928, in-12.

J. Cosimi, *le Conflit de la poésie et de l'intelligence. Deux strophes de Paul Valéry*, dans la *Revue de l'Université de Lyon*, décembre 1928, juin 1929.

E. Guillet, « *le Cimetière marin* » *de Paul Valéry* (Essai de Commentaire littéral), dans *les Humanités* (Classes de Lettres), Paris, Hatier, octobre, novembre et décembre 1929.

P. Berret, *Victor Hugo et Paul Valéry, les Humanités* (Classes de Lettres), juin 1929.

Rudolf Palgen, « *le Cimetière marin* » *von Paul Valéry, Versuch einer Deutung*, Breslau, Trewendt und Granier, s. d. (1931).

— Cf. Fräulein Dr. Burkhardt, dans *Archiv für das Studium der neueren Sprachen und Literaturen*, 1932, t. CLXI, fasc. 1-2, pp. 91-98.

— W. Kalthoff, dans *Literaturblatt für germanische und romanische Philologie*, 1932, septembre-octobre, col. 333-334.

F. Rauhut, *Paul Valéry, Geist und Mythos*. Munchen, M. Hueber Verlag, 1930.

« Menterrey », Correo literario de Alfonso Reyes.
« *Le Cementerio marino* » *en español*, Rio de
Janeiro, octobre 1931.

JULIUS SCHMIDT, *Paul Valéry*. « *Le Cimetière marin* »
Vortrag gehalten auf dem *Neuphilologentag* in
Breslau. *Zeitschrift für französischen und englis-
chen Unterricht*, Heft 6, 1930, Berlin, Weid-
mannsche Buchhandlung.

JEAN CHOUX, *Michel-Ange et Paul Valéry*, Paris,
Rasmussen, 1932.

E. WINKLER, *Sprachtheorie und Valerydeutung*, dans
Zeitschrift für französische Sprache und Literatur,
1932, t. LVI, fasc. 3-4, pp. 129-160.

IV. Sur mon *Essai* voir :

A. DE LUPPÉ, *le Correspondant*, 10 mars 1929.

RAYMOND HUBERT, *la Courte Paille*, 15 mars 1929.

Le *Mercure de France*, 15 mars 1929.

Chronique des Lettres françaises, mars 1929.

LOUIS JAHAM-DESRIVAUX, *Point et Virgule*, avril-
mai, 1929.

RENÉ FERNANDAT, *le Divan*, 1er mai 1929.

PIERRE DESORGES, *la Muse française*, 10 juillet
1929.

Guy Grouzet, *la Grande Revue*, septembre 1929.

Marie-Madeleine Martineau, *la Muse française*,
10 décembre 1930.

Les innombrables articles de journaux, favorables
ou défavorables, auxquels cet *Essai* a donné lieu,
par exemple ceux de Léon Daudet et de Paul
Souday, ne sont pas mentionnés. Je signalerai toutefois :

1) La publication du *Cimetière marin* dans *l'Œuvre*
du 19 octobre 1927, précédée d'un article de G. Téry :
Sur une image : les focs qui picorent, qui fut le signal
d'une longue et parfois violente polémique dans
divers journaux et revues de France et de l'étranger.

2) L'annonce par *l'Œuvre*, le 12 septembre 1928,
d'une *Enquête sur la poésie pure*. Les strophes 11
et 12 du *Cimetière marin* étaient proposées comme
base de cette enquête qui vint ranimer ce qu'on a
nommé la « *Querelle Valéry* », et déchaîner une polémique nouvelle sur le lieu commun de l'obscurisme.

L'historien futur pourra se reporter au *Vale-
ryanum* de Julien Monod que celui-ci a constitué
et qu'il a bien voulu m'ouvrir pour m'aider à compléter cette bibliographie.

V. TRADUCTIONS

en *ALLEMAND* :

Kirchhof am Meer. Uebersetzung von E. R. Curtius. *Der Neue Merkur*, Stuttgart/Berlin, mai
1924.

Cette traduction est reproduite sous le titre modi-
fié : *Friedhof am Meer*, dans le volume de E. R.
Curtius : *Französischer Geist im neuen Europa*,
Berlin/Leipzig, Deutsche Verlaganstalt, 1925.

Der Friedhof am Meer, dans : Paul Valéry,
Gedichte, übertragen durch Rainer Maria Rilke.
Leipzig, Inselverlag, 1925. (Ce volume est une
traduction de *Charmes*.)

Meerfriedhof. Deutsche übertragung von H. Fmins-
sen, 1929; E. Zidek (inédites).

en *ANGLAIS* :

The Marine Cemetery transposed into english
by Louise Gebhard Cann, The Bulletin :
The American women's Club of Paris, Paris,
1927.

The Graveyard by the sea, dans : *Poems and Trans-
lations* by R. D. Norton, London, The Medici
Society, 1929.

« *Le Cimetière marin* ». *The Graveyard by the Sea*.
With the original text. English rendering and

illustrations by EMLEN POPE ETTING. (A paraître
prochainement chez : The Centaur Press, Phila-
delphia, États-Unis.)

The Churchyard by the Sea. Traduction inédite
de DOROTHY BUSSY, 1925.

en *ESPAGNOL* :

El Cementerio marino. Traduccion por JORGE
GUILLEN. *Revista de Occidente,* Madrid, Junio
1929.

Cette traduction a paru en édition de luxe :

El Cementerio marino. Traduccion en verso cas-
tellano por JORGE GUILLEN. Dibujos de G.
SEVERINO, Madrid, Paris et Buenos Aires, Agru-
pacion de amigos del libro de arte, 1930.

El Cementerio marino. Poëma de Paul Valery.
Version castellana de Mariano Brull, Paris,
1930.

El Cementerio marino. Traduccion de EMILIO
ORIBE, Ediciones de la Revista « Letras », Mon-
tevideo, 1932, in-4°.

en *SUÉDOIS* :

Traduction de Ane RANDEL : *Kyrkogarden vid
Havet, Svenzka Dagbladet,* Stockholm, n° du
23 janvier 1923.

en *TCHÈQUE* :

> *Hrbitov u more*. Traduction de B. REYNEK, avec
> gravures sur bois par Mme BECHETOILLOVA,
> Prague, Paprsek, 1927.
>
> *Hrbitov u more*. Traduction de J. PALIVEC, Prague
> hors de commerce, 1928.

Des traductions en *grec*, en *turc*, en *japonais* et
en *chinois* sont également en préparation.

TABLE DES MATIÈRES

ACHEVÉ D'IMPRIMER
PAR L'IMPRIMERIE FLOCH
MAYENNE

(3943)

LE 18 JUILLET 1958

N° d'éd. : 6.395. Dép. lég. : 3ᵉ trim. 1958

Imprimé en France